DIARIO CREATIVO
DEL
MINDFULNESS

*Actividades para alcanzar
la calma en tu día a día*

DRA. SARAH JANE
ARNOLD

CON ILUSTRACIONES DE ANGELEA VAN DAM

PLAZA **PJ** JANÉS

Papel certificado por el Forest Stewardship Council®

Título original: *The Mindfulness Companion*
Primera edición con esta portada: septiembre de 2024

© 2016, Michael O'Mara Books.
Publicado por primera vez por Michael O'Mara Books Limited en Reino Unido, 2016.
Todos los derechos reservados.
© 2018, 2024, Penguin Random House Grupo Editorial, S. A. U.
Travessera de Gràcia, 47-49. 08021 Barcelona
© 2018, Juan Luis Trejo Álvarez, por la traducción
Agradecimientos a Angelea Van Dam por sus ilustraciones. Diseñado por Claire Cater.
Ilustración de la cubierta de Angelea Van Dam. Diseño de la cubierta: adaptación del diseño original Ana Bjezancevic .
Penguin Random House Grupo Editorial, S. A. U.

Printed in Spain – Impreso en España

ISBN: 978-84-01-03456-5
Depósito legal: B-10.411-2024

Compuesto en La Nueva Edimac, S. L.

Impreso en Gómez Aparicio, S. L.
Casarrubuelos (Madrid)

L034565

Introducción al mindfulness

La vida de hoy en día puede estar llena de obligaciones y exigencias. Hacemos planes para salir adelante, nos esforzamos, trabajamos en pos de ciertos objetivos, nos ocupamos de infinidad de cosas al mismo tiempo, y ponemos el piloto automático para conservar la energía mental y atender nuestras prioridades. Este «modo acción» es útil y positivo en muchos aspectos. Puede ayudarnos a progresar y a alcanzar nuestros objetivos. Puede ser una fuente de autoestima. Sin embargo, también lleva implícito el deseo de cambio, la insatisfacción ante cómo son las cosas, la presión y las expectativas, el inconsciente y los comportamientos aprendidos. Cuando nuestra mente funciona con el piloto automático nos vemos expuestos sin remedio a toda clase de pensamientos negativos y sentimientos perturbadores. Nos sentimos vacíos e incompletos, nos olvidamos de apreciar todo lo que somos y todo lo que tenemos ahora mismo. El mindfulness ofrece una manera accesible de enfrentarse a estos conflictos para alcanzar un equilibrio más saludable entre el «hacer» y el «ser» en esta vida.

El mindfulness ha hecho suyos antiguos conceptos de las enseñanzas budistas asociadas al bienestar. En pocas palabras, el mindfulness significa prestar atención con plena conciencia al momento presente, con una actitud de aceptación,

delicadeza, compasión, apertura y curiosidad. Se trata de vivir el ahora en lugar de hacer las cosas pensando en el futuro.

La práctica del mindfulness te ofrece un modo alternativo de relacionarte con el mundo exterior (tanto el entorno como la gente que te rodea) y también con tus experiencias interiores (tus pensamientos, sentimientos y sensaciones físicas), carente de juicios inútiles o reacciones instintivas que puedan causarte angustia.

¿Por qué practicarlo?

La ciencia y la psicología occidentales han adoptado el mindfulness porque diversas investigaciones han llegado a la conclusión de que incrementa el bienestar personal de manera significativa. Se ha comprobado, por ejemplo, que la terapia psicológica basada en el mindfulness alivia los desórdenes asociados a la ansiedad, la depresión y el estrés. También hay pruebas que indican que es útil para algunas personas que sufren problemas de salud, como el dolor crónico.

El mindfulness resulta beneficioso por diferentes razones:

1. Fomenta la aceptación y la tolerancia ante las emociones perturbadoras, y enseña a no reaccionar de manera contraproducente. Buena parte del sufrimiento psicológico

está asociado al hecho de intentar suprimir o evitar las emociones.

2. Contribuye a cambiar los modelos de pensamiento y actuación automáticos e improductivos. Cuando vives de un modo plenamente consciente en el presente, la obsesión por el pasado (uno de los aspectos de la depresión) disminuye y no te sientes atrapado por las preocupaciones asociadas al futuro (uno de los rasgos de la ansiedad). Aprendes a ver tus pensamientos como simples pensamientos (que pueden, o no, ser ciertos) y eres capaz de observar desde cierta distancia cómo llegan, permanecen y se van de tu mente. En este punto, y gracias a una actitud más equilibrada y autoconsciente, puedes escoger cómo y cuándo quieres responder.

3. Te induce a ser más tolerante y compasivo contigo mismo y con los demás. Gran parte del dolor emocional está asociado a los pensamientos autocríticos, a las expectativas inútiles y a dinámicas que complican las relaciones personales.

4. Puede ayudarte a que te sientas más relajado, en paz y a que te aceptes tal como eres. También te anima a apreciar la vida y te recuerda sus aspectos más fascinantes.

Es importante señalar que cuando uno practica el mindfulness no piensa en los resultados. El mindfulness no consiste en

desear e intentar que las cosas sean diferentes. Sin embargo, una de las consecuencias positivas de la práctica del mindfulness es que, con frecuencia, uno siente que su bienestar crece.

¿Cómo se practica?

El mindfulness implica aprender a prestar atención a la experiencia inmediata del momento presente, tal como es, justo ahora. Para conseguirlo, céntrate en tu propia respiración, en tu cuerpo y tus sensaciones físicas, en tus pensamientos y en tus emociones. O bien centra la atención en el mundo exterior, en aquello que puedes ver, oír, tocar, saborear u oler en cada momento. El mindfulness es un proceso que implica observar, apreciar, posibilitar y ser consciente de todas esas cosas sin juzgar, evaluar ni intentar cambiar el carácter de la experiencia. El mindfulness es también una manera de existir. Cuando eres consciente, posibilitas la apertura, la curiosidad y evitas juzgar o reaccionar inconscientemente, por lo que aceptas tus experiencias tal cual son. Es posible que tu mente te diga que no le gustan algunas de tus experiencias; sin embargo, cuando practicas el mindfulness aceptas dichas experiencias como parte de tu realidad en ese momento. Cuando eres consciente, das paso también a la autocompasión, así como a la compasión y la bon-

dad hacia los demás. Cuando sientes compasión, lo que realmente deseas es que tanto tú como los demás os libréis del sufrimiento. Cuando sientes bondad, lo que deseas es que tanto tú como los demás estéis bien, sanos y felices, y difundes ese amor y esa bondad hacia todos los seres vivos.

Puedes practicar el mindfulness de un modo formal o informal. La meditación formal implica dedicarle parte de tu tiempo específicamente, es decir: encontrar un lugar tranquilo y practicar durante un rato. Cuando se medita, lo habitual es sentarse con la espalda recta adoptando una postura confortable, aunque algunas meditaciones formales exigen tumbarse. Cuando se practica la meditación formal, se suele cerrar los ojos para ayudar a la concentración, y utilizar un reloj para controlar el tiempo. Mucha gente cree que esta es la mejor manera de comenzar a practicar el mindfulness. Por ejemplo, empieza por una sencilla meditación de tres minutos. Poco a poco puedes ir incrementando el tiempo hasta los cinco, diez o quince minutos. Cuando te hayas acostumbrado, tal vez quieras practicar una meditación más prolongada, digamos de una hora. Al principio puede serte útil seguir los pasos de una meditación guiada que te ayude a familiarizarte con lo que es el mindfulness y cómo practicarlo.

La meditación informal, en cambio, consiste en llevar a cabo tus actividades diarias de un modo consciente. Puedes ir en au-

tobús, cocinar, comer o caminar de manera consciente, por ejemplo. No tienes por qué elegir un momento concreto, ni tampoco es necesario cerrar los ojos. Puedes practicar la meditación informal consciente hagas lo que hagas, y donde y cuando te convenga. Puedes ser consciente de un modo informal el tiempo que quieras.

El mindfulness es una habilidad natural humana que se aprende a desarrollar mediante orientación, práctica, confianza y paciencia. Parece sencillo, pero para muchas personas no lo es. A lo mejor te resulta difícil mantener centrada tu atención, o tal vez te preguntes si lo estás «haciendo bien» y te distraigas con facilidad. Presta atención a cómo respondes en esos momentos. No seas crítico contigo mismo, no juzgues la experiencia de manera negativa. El mindfulness es una habilidad y, como cualquier otra, es imprescindible practicar para desarrollarla. Recuerda que estás prestando atención al momento presente lo mejor que puedes, practica dicha atención hacia ti mismo y tus experiencias con delicadeza y curiosidad. Con el tiempo, la habilidad y el arte del mindfulness se convertirán en una nueva manera de relacionarte contigo y con tu entorno. Incorpóralo a tu vida cotidiana en la medida en que lo desees.

Mindfulness y colorear

Colorear es un modo agradable y creativo de incorporar el mindfulness en tu vida. Es natural, pues colorear, dibujar, pintar y otras ocupaciones creativas tienen muchos puntos en común con este tipo de meditación. Al igual que el mindfulness, requieren atención, curiosidad, elegir de manera consciente, centrarse, conectar con el cuerpo, fluir y sumergirse en una actividad igual que lo haría un niño. Propiciarán que te sientas conectado con el presente, vivo, disfrutando, satisfecho y en calma. También pueden activar tus expectativas y tus juicios críticos, pero con una mente consciente serás capaz de manejarlos con eficacia.

Este libro es una introducción a algunos de los principios fundamentales del mindfulness. También te brinda la oportunidad de practicarlo coloreando. Cada una de las páginas para colorear va acompañada de un ejercicio que te ayudará a entender qué es el mindfulness y cómo practicarlo. Algunos de los ejercicios están enfocados específicamente en la experiencia de colorear con conciencia plena. Otros te enseñarán habilidades del mindfulness de carácter más general que podrás practicar antes o mientras coloreas. También encontrarás citas inspiradoras, «momentos mindful» que puedes usar como mantras, y espacios para escribir tus pensamientos o sentimientos. En definitiva, este libro está pensado para que te sientas mejor. Va a

ser tu compañero y te ayudará a conectar con tu creatividad, a expresarte a través de los colores y a vivir una vida de conciencia plena en cada momento.

Con mis mejores deseos,

Dra. Sarah Jane Arnold

«Vivir es un arte que radica
en la sutil mezcla entre
el tira y afloja.»

Havelock Ellis

Potenciar el mindfulness

Toma conciencia de que te dispones a colorear y mira con atención los dibujos. ¿Cómo te sientes en este momento? ¿Cómo se siente tu cuerpo ahora mismo? Fíjate en tu postura corporal. Observa tus pensamientos. Cuando decidas empezar a colorear, comprueba si puedes hacerlo con total atención, con una actitud amable, curiosa y carente de valoraciones críticas. Cada vez que eliges colorear de este modo, le estás ofreciendo a tu mente un refugio llamado mindfulness. Al practicarlo tienes la oportunidad de experimentar cada uno de los momentos de tu vida con mayor plenitud. Puedes empezar a experimentarlo ahora mismo.

Cultivar la gratitud

La gratitud, como el mindfulness, conlleva prestar
atención al presente con una actitud bondadosa.
¿Puedes pensar en alguien o en algo por lo que
sientas gratitud? Tómate tu tiempo. Puede tratarse
de una parte de tu cuerpo; como tu vista, por ejemplo.
Puede tratarse de alguien que esté presente en tu vida
y represente algo positivo, como un compañero, o
un pariente o un amigo. Puede tratarse de un aspecto
de tu vida, como el lugar en el que vives. Escribe lo
que te venga a la mente en este momento en el
espacio blanco de la página de al lado, y descansa
en la calidez de ese sentimiento durante un rato.
Empieza a colorear cuando quieras y permite que la
gratitud esté contigo.

Guiar
la mente dispersa

Mientras coloreas, a lo mejor te das cuenta de que estás pensando en el pasado o en el futuro, o que tu mente salta de un pensamiento a otro. Si ocurre algo así, no te juzgues, es fácil distraerse. Limítate a ser consciente de adónde se ha ido tu mente y vuelve a centrarte en el ahora. Concéntrate en algún aspecto de tu experiencia presente y permite que ocupe el centro de tu atención. Por ejemplo, observa la figura que estás coloreando y al mismo tiempo fíjate en tu respiración. Con afecto hacia ti mismo, repite ese ejercicio siempre que tu mente se disperse.

Un momento mindful

Puedo observar
y guiar mi mente.

Reflexiones:

Acepta tu ritmo

Aprovecha este momento para jugar con la
velocidad al colorear de manera consciente.
¡Experimenta! Colorea muy muy despacio
durante unos pocos minutos y a continuación
hazlo todo lo rápido que puedas. Permítete
jugar. Fíjate en los pensamientos que surgen en
tu mente al llevar a cabo este experimento.
Obsérvalos y luego deja que se vayan.
Después, colorea al ritmo que te resulte más
cómodo. Adáptalo a ti y simplemente fluye
con él. Nota cómo te sientes al moverte a tu
propio ritmo. Acepta esta manera de estar
en el ahora.

Desarrollar la curiosidad

Mientras estés coloreando, «pulsa pausa» en varios momentos. Hazlo unas cuantas veces y ejercita tu curiosidad instintiva. Detente, mira a tu alrededor y absorbe todo lo que tus sentidos estén experimentando. Detente de nuevo y fíjate en los colores que estás utilizando. Aprecia los tonos y los matices, obsérvalos atentamente. Piensa en la posición de tu mano dominante y en qué nota cuando te detienes. ¿Cómo te sentirías si te sentases en otro lugar para colorear el resto del dibujo? Inténtalo y observa lo que ocurre. Maravíllate ante la riqueza de cada momento cuando te detienes a apreciar todo lo que existe.

«Conocerte a ti mismo es el primer paso hacia la sabiduría.»

Aristóteles

Respiración consciente

Antes de empezar a colorear, presta atención a tu respiración. Comprueba si puedes respirar dejando entrar y salir el aire con suavidad. Siéntate cómodamente y cierra los ojos unos segundos. Centra toda tu atención en tu respiración. Sé consciente del paso del aire por la nariz o la boca. Aprecia su temperatura y tal vez su aroma. Nota cómo se te llenan los pulmones y el pecho al respirar. Ahora abre los ojos y empieza a colorear cuando te apetezca. Respira en la vitalidad del momento presente mientras coloreas.

Un momento mindful

Respira en el ahora.

Colorea a plena
conciencia con música

Dedícate este momento y pon tu música favorita.
Puede ser una canción, un álbum o una lista de
reproducción que dure horas. Cuando estés
preparado para colorear y sentado cómodamente,
dale al play. Mientras coloreas, recibe la música con
el cuerpo y con la mente. Deja que fluya a través de
ti como el color fluye desde la punta de los lápices o
los rotuladores. Aprecia los detalles y los matices en
la música que suena y en los dibujos que ves. Tal
vez te apetezca escribir la letra de la canción que
estás escuchando. Tus sentidos están vivos en este
momento. Déjate llevar.

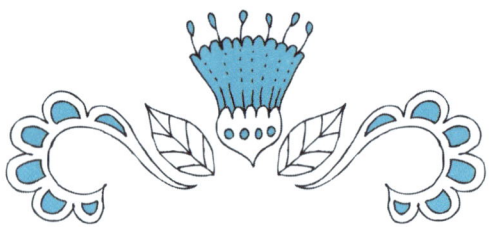

Colorea tus emociones

Dedica unos segundos a observarte antes de
empezar a colorear la lámina. ¿Qué sientes?
¿Dispones de colores que representen esas
emociones? Si es así, tal vez puedas utilizarlos para
crear. Acepta cada emoción que vayas sintiendo del
mismo modo que aceptas cada nuevo color en la
página y limítate a ver qué surge. Observa tu
creación con curiosidad, compasión y bondad, y
practica la aceptación de cada una de las emociones
que sientes. Esta es tu experiencia en este instante,
y tienes permiso para sentir lo que sientes.

«Sé curioso, no prejuicioso.»

Walt Whitman

Autocompasión

Evoca el nombre de una persona o de una mascota a la que tengas cariño y que sienta cariño por ti. Es un ser que despierta alegría en ti. Reposa tu mente en ese lugar de compasión y bondad durante un par de minutos, y a continuación escribe su nombre en la página opuesta. Procura dejar espacio a ese sentimiento mientras coloreas y dedícate ese amor y cariño a ti mismo. También eres importante y digno de semejante afecto.

Un momento mindful

Descansa en la compasión.

La meditación del mandala

Centra tu atención y tu afecto en el mandala que
tienes ante ti. Respira dejando que el aire entre y
salga suavemente, y fíjate en su centro, en su
simetría y en su complejidad. Colorea a tu ritmo y
acoge la imagen del mandala en tu mente. Observa
cómo se conectan las líneas. Cada una de las partes
tiene su lugar y está conectada con las demás.
Todas añaden algo a la imagen hasta completarla.
Al igual que tú, el mandala posee múltiples y
hermosas facetas. Mientras coloreas, deja que tu
mente descanse en esa sensación de plenitud y
conexión. Acepta todas las partes que te conforman
y exprésalo con colores.

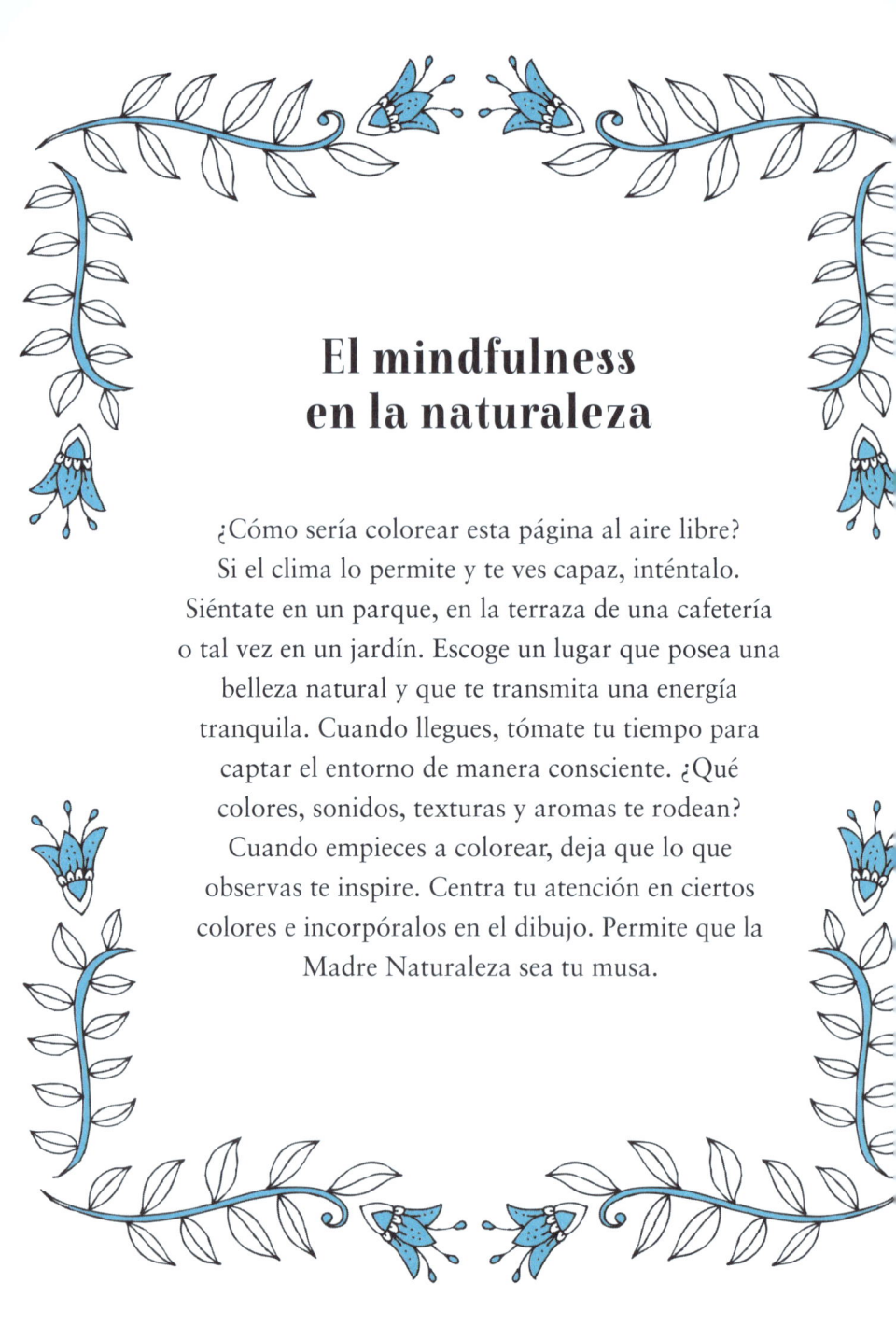

El mindfulness
en la naturaleza

¿Cómo sería colorear esta página al aire libre?
Si el clima lo permite y te ves capaz, inténtalo.
Siéntate en un parque, en la terraza de una cafetería
o tal vez en un jardín. Escoge un lugar que posea una
belleza natural y que te transmita una energía
tranquila. Cuando llegues, tómate tu tiempo para
captar el entorno de manera consciente. ¿Qué
colores, sonidos, texturas y aromas te rodean?
Cuando empieces a colorear, deja que lo que
observas te inspire. Centra tu atención en ciertos
colores e incorpóralos en el dibujo. Permite que la
Madre Naturaleza sea tu musa.

«El arte de ser sabio consiste
en saber qué debemos ignorar.»

William James

Una actitud
carente de juicio

Mientras coloreas, detente un segundo y observa la lámina que tienes delante. Fíjate en los colores que has escogido y en los aspectos de la figura que atraen a tu mente. Permite que el dibujo sea justo lo que es, sin desear o necesitar que las cosas sean diferentes. Si tu mente emite críticas o juicios, no hay problema. Limítate a reconocer que han surgido y vuelve a centrar tu atención en el presente, en las formas y los colores que ves, así como en tu respiración, en el aire que entra y sale de ti. Con bondad y respeto, observa simplemente lo que tienes delante en este momento.

Un momento mindful

Puedo escoger cómo respondo
a mis pensamientos.

Centra tu propósito

Proponte colorear este dibujo en un entorno
agradable, cálido y relajante. Encuentra un
momento para ti y elige un lugar tranquilo. Tal vez
te apetezca tener a mano incienso, velas, un cojín o
una manta para estar más a gusto. Quizá quieras
poner algo de música suave para que ese lugar esté
más tranquilo. Crea tu escenario y recuerda cuál es
su razón de ser: «Merezco este momento para
relajarme y cuidar de mí». Mantén en tu interior
esa bondad y esa calidez mientras coloreas
con conciencia plena.

Repartir compasión
y bondad

Aprovecha el momento para, en silencio, pensar
en alguien a quien aprecies de verdad. Recuerda tres
cosas suyas que te gusten. Escríbelas si lo deseas
y después tómate tu tiempo para valorar la presencia
de esa persona en tu vida. Piensa entonces en varios
desconocidos e intenta extender a ellos esa calidez
que sientes hacia quien quieres. Todos hemos
sido desconocidos para los demás alguna vez.
Mientras coloreas el mandala que tienes frente
a ti, imagina que la compasión que sientes ahora se
extiende hacia todos los seres vivos. Siente cómo la
bondad se expande con los colores que vas
añadiendo a la página.

Que todos nos sintamos felices,
seguros y libres de sufrimiento.

«Cuando surge un sentimiento doloroso o incluso placentero, la verdad aparece.
Está ahí. Cualquier resistencia, intento de control, voluntad de apartarlo con el pensamiento o deseo de combatirlo de algún modo, lo único que logra es que aumente el sufrimiento.»

El Venerable U Vimalaramsi

Desarrollar la aceptación

¿Cómo te sientes en este momento? Busca una
palabra para cada una de las emociones que
experimentas (por ejemplo, «pensativo»,
«preocupado» y «esperanzado») y escríbelas en el
centro del dibujo. Intenta que esos sentimientos
tengan su espacio y puedan ser lo que son.
Nómbralos y sé consciente de que están ahí. No es
necesario que te gusten. Recuerda que tienes permiso
para sentirte como te sientes, incluso si se trata de un
sentimiento incómodo. Ahora intenta concentrarte
en la lámina que tienes delante y empieza a colorear
cuando te apetezca. Este momento está lleno de
sentido y te pertenece.

Reflexiones:

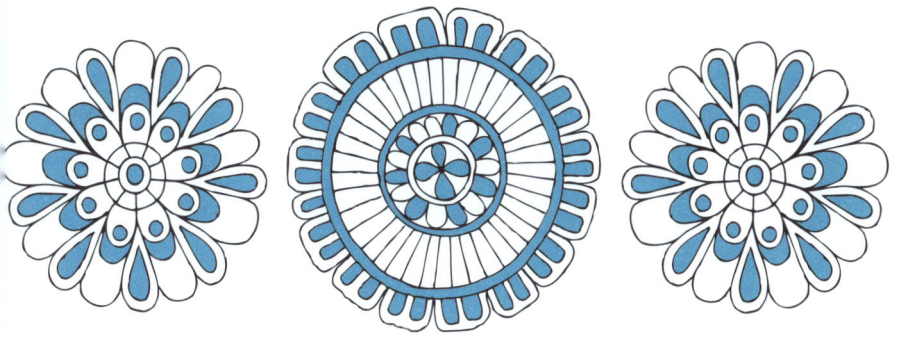

Puedo tolerar
las emociones que siento.

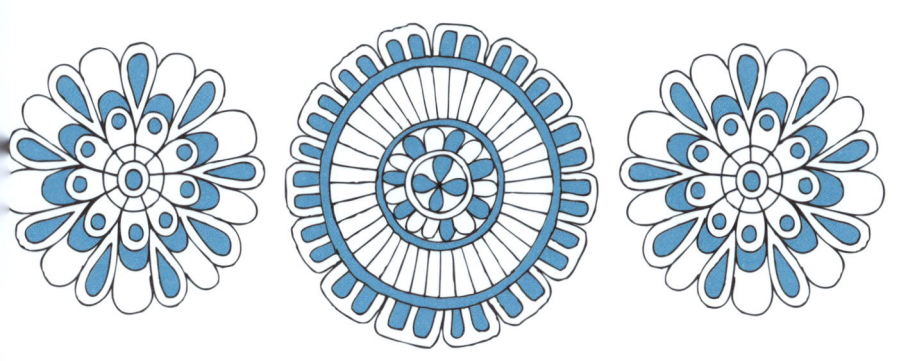

Regresar a casa, regresar a ti

Cierra los ojos y poco a poco enfoca tu atención
hacia el centro de tu frente. Deja que tus ojos
descansen mirando hacia ese punto, en esa
seguridad, en ese lugar mientras respiras
tranquilamente a tu propio ritmo. Solo respira.
Estás en tu santuario. Estás regresando a ti, por
momentos, con cada respiración. Si tu mente
divaga, no te juzgues y simplemente vuelve a fijar tu
atención en el centro de tu frente, con los ojos
cerrados. Sigue respirando de manera consciente.
Observa cómo te sientes cuando decidas abrir los
ojos y empieza a colorear cuando quieras.

Suéltate

Antes de empezar a colorear, junta las manos delante de ti y apriétalas cuanto puedas. Mantenlas en tensión durante tres segundos y después relájalas. Vuelve a hacerlo. Cierra los puños y luego ábrelos. Nota cómo la tensión abandona tu cuerpo cuando abres las manos. Deja que se vaya y observa cómo se sienten tus manos sin ella. Permite que cualquier clase de tensión fluya a través de ellas mientras coloreas. Suéltala. No hay ninguna necesidad de retenerla en este momento.

«El auténtico viaje de
descubrimiento no consiste
en buscar paisajes nuevos, sino
en mirar con ojos nuevos.»

Marcel Proust

Dirige tu atención
hacia el exterior

De manera consciente, dirige tu atención hacia lo
que te rodea en este instante y céntrala en las
diferentes cosas que estás viendo, escuchando,
tocando, saboreando u oliendo antes de empezar a
colorear. Fíjate en los detalles más sutiles de la vida
y nombra todo aquello que estás percibiendo, sin
juzgarlo. Observa cuán flexible puede ser tu
atención si te fijas en una cosa y luego en
la siguiente según tu propio ritmo. Estás viviendo el
presente, a cada momento, experimentando su
plenitud tal como es. Acógela, es tuya.

Estoy en profunda conexión con mi mundo exterior.

Colorea con bondad

Repite estas palabras y comprueba
si realmente las sientes.

En este momento, estoy bien.
En este momento, merezco amor.
En este momento, me cuido.

Si te apetece, escribe estas palabras
y hazles un hueco para que estén a tu lado
mientras coloreas.

Centra tu atención
con curiosidad y paciencia

¿Y si intentas colorear con la otra mano? Es decir, la que no utilizas habitualmente. Procura usar solo esa mano y centra tu atención en colorear de ese modo. Observa cuánta paciencia y concentración requiere. Tal vez te resulte algo nuevo y extraño. Tal vez incluso frustrante. Toma conciencia de las emociones que surgen en ti en cada instante, ponles nombre y deja que te acompañen mientras coloreas. Comprueba si eres capaz de vivir la experiencia sin elaborar ninguna clase de juicio. Siente hasta qué punto estás presente en este momento.

«Puedo cambiar mi vida cambiando de actitud. Aquel que no quiera pincharse que no intente coger flores.»

Henry David Thoreau

Dirige tu atención hacia el interior

¿Sientes algo dentro de ti en este instante? ¿Algún pensamiento o sentimiento que seas capaz de identificar? Antes de empezar a colorear, fíjate en las emociones o sensaciones que estás experimentando y ponles nombre. Acepta tus pensamientos como pensamientos, reconociéndolos y diciéndote: «Estoy pensando que…». Después, vuelve a centrar tu atención en la respiración y empieza a colorear cuando te apetezca.
En este momento de atención plena puedes ver tu paisaje interior desde la distancia con claridad. Ahí tienes espacio para respirar. Puedes verlo tan lejos como el horizonte.

Un momento mindful

Mis experiencias internas
no me controlan.
Las observo.

En un momento difícil...

Reserva este ejercicio para cuando
pases por un momento difícil.

*En este momento, puedo nombrar y me permito sentir las
emociones que estoy sintiendo.* Adelante, escríbelas.

_____

_____

_____

*En este momento, puedo observar los pensamientos
que corretean por mi mente.* Escríbelos también.

_____

_____

_____

*Me comprometo a conocerme y
a esforzarme en este momento.
Soy un ser humano y me importa.
Se me permite sentir de este modo.*

*Voy a surcar estas olas que suben y
bajan con este compromiso.
Volveré a centrar mi atención cuando quiera
y colorearé con conciencia plena.*

Superaré esto. Quedará atrás.

El mindfulness y la mirada

¿Qué ves ahora mismo? ¿Qué formas, texturas y
tonalidades luminosas u oscuros colores captas
a tu alrededor? Es posible que ciertos colores de tu
entorno atraigan tu atención. Permite que tu mente
vaya hacia ellos. Escoge un lápiz o un rotulador que
te guste y empieza a colorear. Observa la radiante
página en blanco y las líneas negras de la figura que
tienes delante. Bebe de aquello que estás percibiendo
en cada momento y absorbe aquello de lo que
disfrutas. Cierra los ojos unos segundos y vuelve
a abrirlos. Es posible que descubras
cosas que no habías visto antes.

«Adondequiera que vayas,
ve con todo tu corazón.»

Confucio

El mindfulness
y el cuerpo

Dedica este momento a tomar conciencia de tu
postura. Siéntate en una posición cómoda pero
vigilante, con ambos pies en el suelo. Estás echando
raíces. Fíjate en cómo se mueven tus ojos al estudiar
el dibujo que tienes delante. Nota cómo tu brazo se
mueve al colorear, y también la mano que sostiene
el rotulador o el lápiz que has escogido. Siente
cómo se te llenan los pulmones y el pecho a medida
que respiras y creas. Ahora tu mente y tu cuerpo
están profundamente conectados.

En este momento, soy un todo.

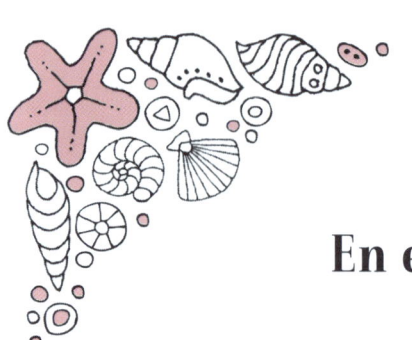

En el silencio

Escoge un entorno en el que te sientas en paz. Un espacio donde no haya ruido ni gente hablando ni nadie que te exija nada ni te interrumpa. Apaga el teléfono móvil y fíjate en el sonido del silencio. Solo escúchalo. ¿Qué oyes? Identifica y acepta cualquier sonido que percibas, deja que te inunde y céntrate en tu experiencia en este momento. Escucha tu respiración de manera consciente. Fíjate en el sonido del rotulador o el lápiz al tomarlo y apoyarlo en el papel. Escucha el sonido que produces al colorear y atiende a lo que dice tu mente. Eres el observador silencioso de tu propia experiencia. Deja a tus pensamientos ir y volver mientras te abstraes coloreando.

Encontrarás paz.

Libertad para ser

En este momento, en este lugar, estás invitado a ser de manera consciente. No hay presión ni expectativas. A la hora de colorear el dibujo que tienes delante no existen los conceptos «correcto» o «incorrecto». Puedes escoger los colores que vas a utilizar. Puedes decidir cuánto tiempo vas a estar coloreando. Puedes decidir cómo colorear y hacerlo a tu ritmo. Vive cada momento tal como se desarrolla y concede a tu mente la libertad de simplemente ser. Sumérgete y embébete de la experiencia de colorear.

«Para ver el mundo
en un grano de arena
y el cielo en una flor silvestre,
abarca el infinito
en la palma de tu mano
y la eternidad en una hora.»

William Blake

El mindfulness y las sensaciones

Dedica este momento a fijarte en cualquier sensación que notes dentro de tu cuerpo ahora. Toma conciencia de en qué parte las percibes y siente su presencia. Observa cómo vienen, van y cambian. Comprueba si eres capaz de observarlas con curiosidad y franqueza, sin desear o necesitar que las cosas sean diferentes de como son ahora mismo. Mientras respiras suavemente, inspirando y espirando, trata de dejar espacio a esas sensaciones. Permíteles que estén ahí mientras coloreas, tal como son, y despliega tu conciencia a su alrededor.

Reflexiones:

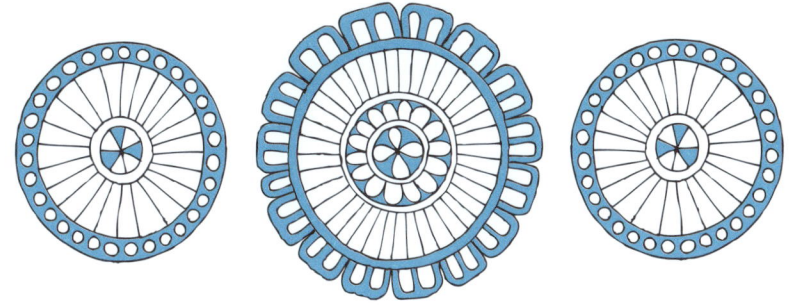

Un momento mindful

Puedo observar
mis sensaciones
y puedo ver más allá.

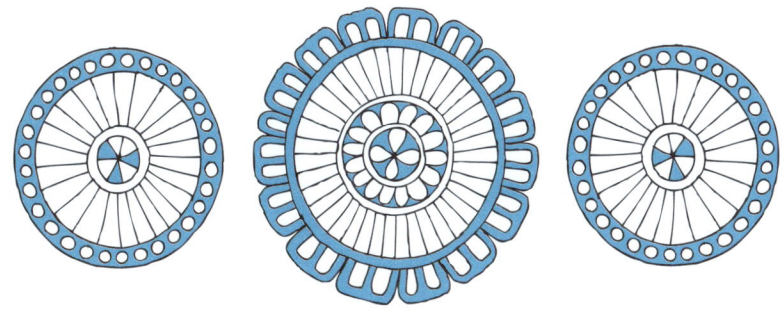

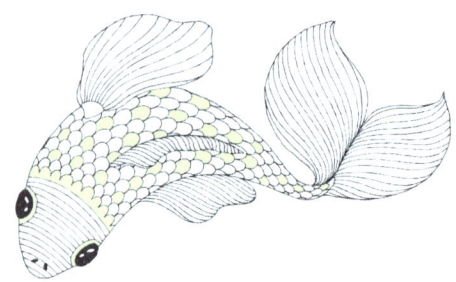

Meditar mientras coloreas

Siéntate en un lugar confortable y sonríe al pensar
que has decidido tomarte este rato para ti. Estudia
el dibujo que vas a colorear, obsérvalo con
atención. Cuando estés preparado, selecciona los
lápices o rotuladores y empieza a colorear con
atención plena. Respira mientras coloreas cada
figura y fíjate en si eres capaz de saborear con los
cinco sentidos cada momento. Si tu mente divaga,
observa adónde se ha ido y, con dulzura y
paciencia, tráela de vuelta al presente. Cuando tu
lápiz o rotulador conecta con la página, siente
tu propia reconexión con el momento presente.
Este es tu santuario.

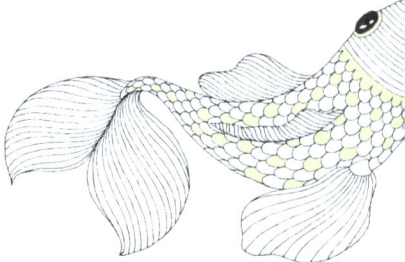

Contemplación

Antes de empezar a colorear el siguiente dibujo, tómate unos segundos para reflexionar sobre algunas de las cosas que hacen posible esta experiencia de colorear con atención plena. Deja que tu mente se sienta inspirada ante la mera existencia de objetos cotidianos como el papel o los lápices de colores. Incluye también en tu conciencia a las personas que las crearon. Piensa durante un minuto en el artista que diseñó la lámina que has escogido colorear, y maravíllate de la habilidad de tu mente y tu cuerpo para llenarla de color. Observa cómo las cosas cotidianas se convierten en extraordinarias cuando las contemplas con conciencia plena.

«Aférrate al presente.
Toda situación,
incluso todo momento, tiene un
valor infinito, pues representa
toda una eternidad.»

Johann Wolfgang von Goethe

Vivir el momento

Detente en este preciso instante y fíjate en tu
respiración. Con cada aliento estás creando un
espacio para ti, para ser tal como eres. En ese
espacio estás invitando a tu mundo interior y al
mundo exterior a que se unan a ti en el ahora tal
como son. Ponte a colorear cuando lo desees.

Si notas que tu mente se deja llevar por tus
pensamientos, recondúcela con paciencia hacia la
experiencia de colorear. Recupera el momento
presente y observa cómo se desarrolla a través del
color, paso a paso.

Un momento mindful

Colorea el ahora.

Observar los cambios

Presta atención a tu experiencia de colorear esta lámina, paso a paso. Aprecia los pequeños cambios que tienen lugar con cada trazo y cada color que añades. Sé testigo de cómo evoluciona el dibujo a medida que lo vas coloreando, y date cuenta del papel que desempeñas al generar los cambios que ves. Fíjate en si eres capaz de ser consciente de los cambios que se producen también en tu paisaje interior. Deja que tus pensamientos vengan y vayan. Dales espacio a tus emociones mientras coloreas y observa si cambian, sin juzgarlas. Saborea cada momento y abraza el ahora.

El mindfulness
y la autoconciencia

Sé testigo de los pensamientos que vienen y van en tu
mente mientras coloreas. Escríbelos y centra de nuevo tu
atención en el momento presente. Practica como
observador de tus pensamientos y fíjate en la quietud que
subyace. Acoge tus sentimientos e invítalos a permanecer
contigo. Te ofrecen una visión de tu bienestar. Sé
consciente y acéptalos lo mejor que puedas. Después
tómate un tiempo para responder a tus pensamientos con
ternura y curiosidad. ¿Implican un juicio o responden a
un impulso? ¿Te resultan útiles? ¿Son ciertos?
¿De qué modo están vinculados a tus emociones?
Aléjate un poco de tus pensamientos y pregúntate
qué puedes aprender de ellos.

«Está en tu mano
retirarte cuando lo desees.
La tranquilidad perfecta
consiste en el buen orden
de la mente,
tu propio reino.»

Marco Aurelio

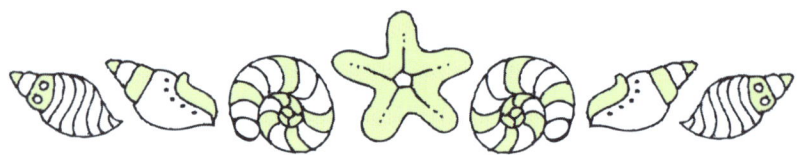

Echa el ancla

Tal vez te apetezca practicar esto ahora, antes de colorear. Cierra los ojos, si lo deseas, y planta los pies en el suelo. Cuenta hasta cuatro inspirando por la nariz y hasta seis espirando por la boca. Hazlo varias veces. Inspira contando hasta cuatro y espira contando hasta seis. Si tus pensamientos divagan, redirígelos poco a poco al momento presente y echa el ancla ahí. Siente los pies en el suelo, el movimiento de tu cuerpo al respirar, así como la experiencia de esa suave respiración. Tienes la capacidad de calmarte y tomar tierra en momentos de estrés.

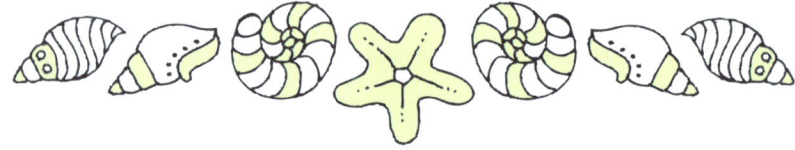

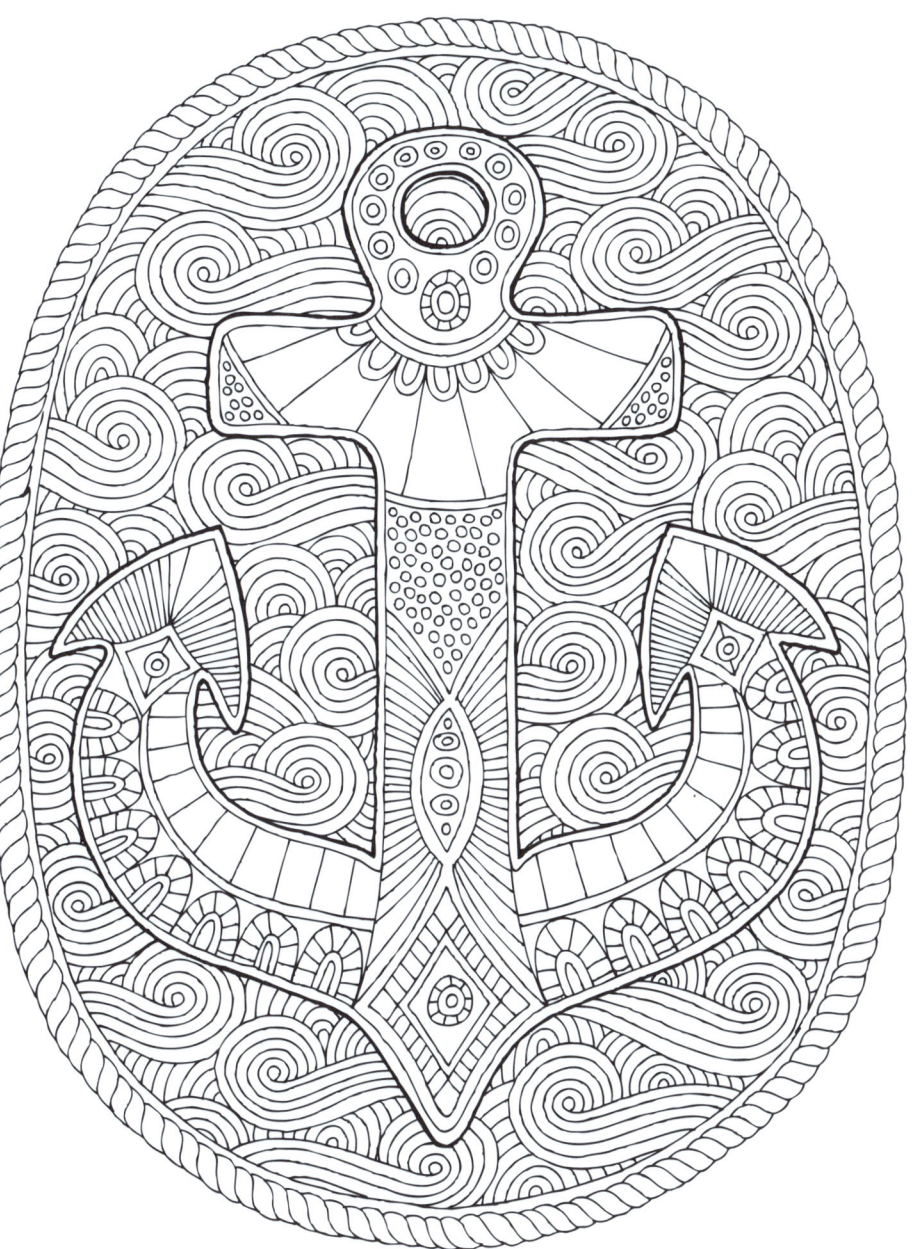

Mi cuerpo y mi respiración pueden anclarme ahora.

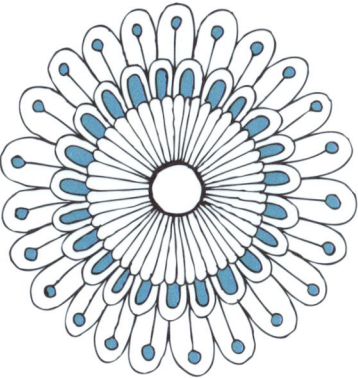

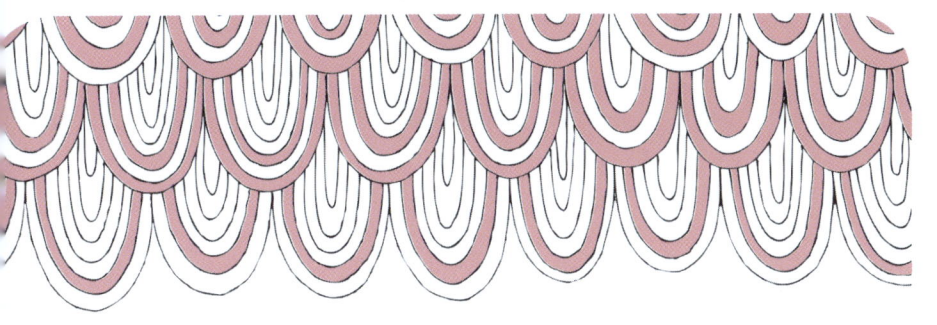

Fluye

Hay libertad en este instante. No hace falta que te marques expectativas, que reacciones, que insistas, que te esfuerces. Simplemente, deja que el proceso de colorear se desarrolle ante ti, a cada instante. Permite a tus pensamientos y a tus sentimientos la libertad de ir y volver a su antojo. Deja que se vayan y observa cómo se alejan. Si lo deseas, podrás estudiarlos con mayor perspectiva y claridad más tarde. En este momento has escogido fluir con la experiencia de colorear.

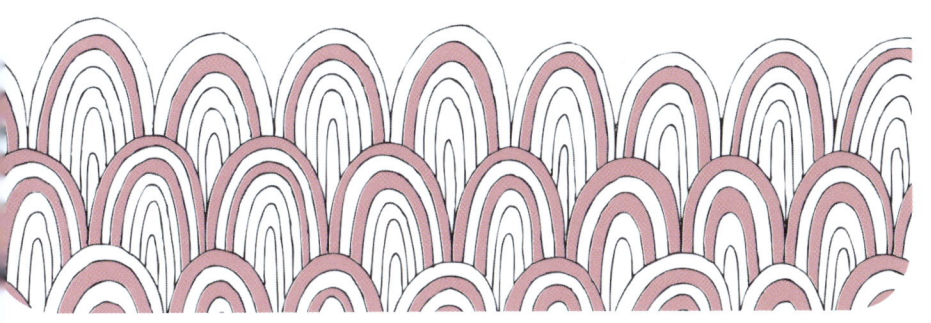

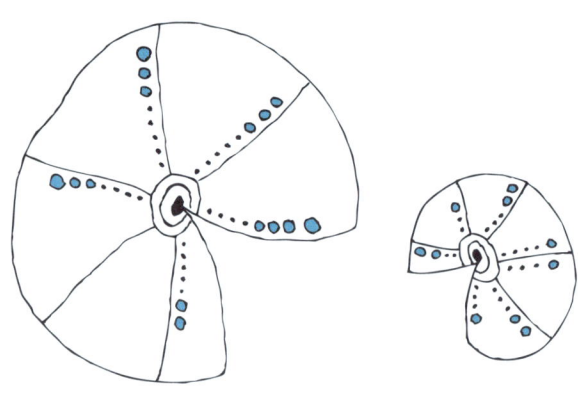

Un momento mindful

Elijo responder, no reaccionar.

Reflexiones:

Recordar
el mindfulness

Ser consciente requiere práctica, compasión y
paciencia. Conviene recordar que el mindfulness
puede ponerse en práctica en el día a día. Olvidarlo
y recaer en las viejas costumbres es fácil. Si te gusta
el mindfulness, elige de manera consciente tenerlo
presente en tu corazón y en tu mente. Si te olvidas y
después lo recuerdas, ¡sé consciente! Muestra
compasión hacia ti y vuelve a conectar contigo en el
momento presente. Empieza ahora. Reflexiona sobre
qué es el mindfulness y pon en práctica tu aprendizaje
mientras coloreas el último dibujo. El mindfulness
estará aquí, para ti, siempre que tú estés aquí.

Continúa tu viaje
con el mindfulness

Selección de lecturas útiles:

Alidina, S., *Mindfulness para Dummies*, Barcelona, Planeta de Libros, 2017.

André, C., *Mindfulness: 25 Ways to Live in the Moment Through Art*, Londres, Ebury Press, 2014.

Kabat-Zinn, J., *Cómo asumir su propia identidad*, Barcelona, Plaza & Janés, 1995.

Nhat Hanh, T., *El milagro de mindfulness*, Barcelona, Oniro, 2014.

Penman, D. y Williams, M., *Mindfulness: Guía práctica para encontrar la paz en un mundo frenético*, Barcelona, Booket, 2016.

Williams, M., Teasdale, J., Segal, Z. y Kabat-Zinn, J., *The Mindful Way through Depression: Freeing Yourself from Chronic Unhappiness*, Nueva York, The Guildford Press, 2007.

Para más información sobre qué es el mindfulness y cómo practicarlo, y para disponer de brillantes meditaciones guiadas gratuitas, visita la página web en inglés: www.franticworld.com.

Advertencia:

Es importante indicar que para ciertas personas, no muchas, la práctica de la meditación mindfulness resulta demasiado exigente a nivel emocional. Si has tenido una experiencia de este tipo, quizá este no sea el momento oportuno para que practiques el mindfulness sin la ayuda adecuada. Posiblemente te resultaría útil hablar con un profesional de la salud mental acerca de tus pensamientos y sentimientos. El mindfulness te estará esperando para cuando sea tu momento.

Acerca de la autora

La doctora Sarah Jane Arnold es psicóloga especializada en asesoramiento personal. En su consulta atiende a pacientes con problemas personales y trastornos mentales específicos, y los ayuda a incrementar su bienestar mediante una terapia psicológica integrativa basada en el mindfulness.

Sarah vive en Brighton, Gran Bretaña, con su pareja, Mine, su perra Oprah y Priscilla, una iguana.